1903. Mai 16

AF313228

Vente du Samedi 16 mai 1903

HOTEL DROUOT, SALLE N° 8, PARIS

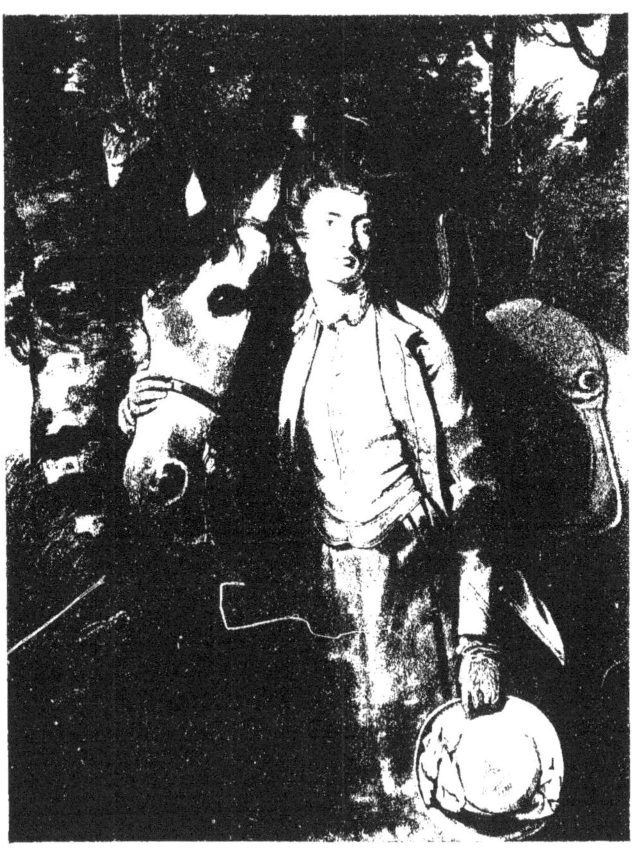

N° 127 du Catalogue

ESTAMPES ANCIENNES
ET MODERNES

M⁰ Maurice DELESTRE, Commissaire-Priseur, 5, Rue Saint-Georges.

M. Loys DELTEIL, Artiste-Graveur Expert, 2, Rue des Bons-Enfants.

IMPRIMERIE FRAZIER-SOYE
153, Rue Montmartre
PARIS

CATALOGUE

d'Estampes

ANCIENNES

(XVe, XVIe, XVIIe ET XVIIIe SIÈCLES)

EAUX-FORTES MODERNES

ET

LITHOGRAPHIES

dont la vente aura lieu

A PARIS, HOTEL DROUOT, SALLE N° 8

Le Samedi 16 mai 1903, à 2 heures précises

Par le Ministère de Me MAURICE DELESTRE

Commissaire-Priseur

5, rue Saint-Georges

Assisté de M. LOYS DELTEIL, Artiste-Graveur Expert

22, rue des Bons-Enfants

CONDITIONS DE VENTE

———

Elle sera faite au comptant.

Les acquéreurs paieront *dix pour cent* en sus des prix d'adjudication.

M. Loys Delteil remplira les commissions que voudront bien lui confier les amateurs ne pouvant y assister.

MM. les amateurs pourront visiter la collection, *22, rue des Bons-Enfants*, du *Mardi 12 au Jeudi 14 Mai*, de 10 heures à 4 heures.

DÉSIGNATION

Aldegraver (Henri)

1. — Suzanne au bain (B. 30) — Saint Luc (59). Deux pièces. Très belles épreuves.

2. — Hercule et Anthée (88) — Hercule aidant Atlas (91). Deux pièces. Très belles épreuves.

Anonyme (XVIIIe siècle)

3. — Vue de la Seine à Paris. Très belle épreuve *avant toutes lettres*, à l'état d'*eau-forte pure*.

Audran (Gérard)

4. — Le Temps enlevant la Vérité (R. D. 46). Superbe épreuve du 3e état, *avant la draperie*.

Aveline (F.-A.) et **Baillieul**

5. — Illumination de la rue de la Ferronerie le 8 septembre 1745, d'après Cochin fils. Belle épreuve.

Beham (Hans Sebald)

6. — Le Petit Bouffon (B. 230). Superbe épreuve.

7. — La Vierge assise (B. 123 des Bois). Très belle
épreuve.

Berghem (Nicolas)

8. — L'Homme monté sur l'âne (Dutuit 5). Superbe
épreuve du 2ᵉ état avant les travaux dans le
ciel. Très rare.

9. — Pâtre vu de dos (6). Très belle épreuve avant le
numéro.

Besnard (Albert)

10. — Étude de femme nue se coiffant. Superbe
épreuve.

11. — Étude de chevaux. Superbe épreuve, signée.

Bol (Ferdinand)

12. — Saint Jérôme dans une caverne (Dutuit 3). Superbe épreuve du 1ᵉʳ état avec les salissures.

Boucher et **Gravelot** (d'après)

13. — Vignettes pour   ? Deux pièces à l'état *d'eau-
forte pure*.

Brauwer (Adrien)

14. — Le Paysan à la cruche. Petite eau-forte originale. Rare.

Brosamer (Hans)

15. — Saint Jérôme dans le désert (B. 7 des Bois).
Très belle épreuve.

Chardin (d'après J.-B.-S.)

16. --- La Fontaine, par C.-N. Cochin (E. B. 21). Très belle épreuve du 1ᵉʳ état, à *l'eau-forte pure*, le bas de la marge rapportée.

Charlet (N.-T.)

17. Lanciers en marche — Halte de lanciers — Croquemitaine — Le Vieillard et les deux Enfants. Quatre lithographies *non terminées*. Très belles épreuves.

Choffard (P.-P.)

18. Fleuron pour les *Métamorphoses* d'Ovide. Belle épreuve.

Coclers (d'après L.-B.)

19. *Aspettare E. & prbi de veneroni*, par L.-A. Claessens. Très belle épreuve, toutes marges.

Delacroix (Eugène)

20. Le Forgeron (A. M. 21). Très belle épreuve avec les *croquis* en marge.

Desboutin (Marcellin)

21. Bouquet de la Grye (Mᵐᵉ) (H. B. 35). Superbe épreuve, signée.

22. Degas. In-18 (85). Très belle épreuve. Rare.

Descourtis (C.-M.)

23. Chapelle de Guillaume Tell (Lac des 4-Cantons) — Glacier inférieur de la Vallée de Grindelwald. Deux pièces *imp. en couleurs*.

Desplaces (Louis)

24. — Titon (Marguerite Bécaille, veuve de M.), d'après N. de Largillière. Superbe épreuve.

Drevet (Pierre-Imbert)

25. — Bernard (Samuel), d'après H. Rigaud (D. 11). Superbe épreuve, manquant de conservation.

Duez (Ernest)

26. — La Plage. Très belle épreuve, signée.
27. — Portrait de Mme ***. Très belle épreuve.
28. — Coquelicots, pointe sèche. Superbe épreuve signée.

Dupuis (Charles)

29. — Coustou (Nic.), d'après Le Gros. Très belle épreuve.

Durer (Albert)

30. — L'Homme de douleurs aux mains liées (B. 21). Belle épreuve d'une pièce rare.
31. — Le Seigneur et la Dame (94). Superbe épreuve manquant un peu de conservation.
32. — Albert de Mayence, de profil (103). Belle épreuve.
33. — La Vierge assise (B. 99 des Bois). Belle épreuve.

Duvet (Jean)

34. — Saint Sébastien, saint Antoine et saint Roch (R. D. 10). Superbe épreuve.

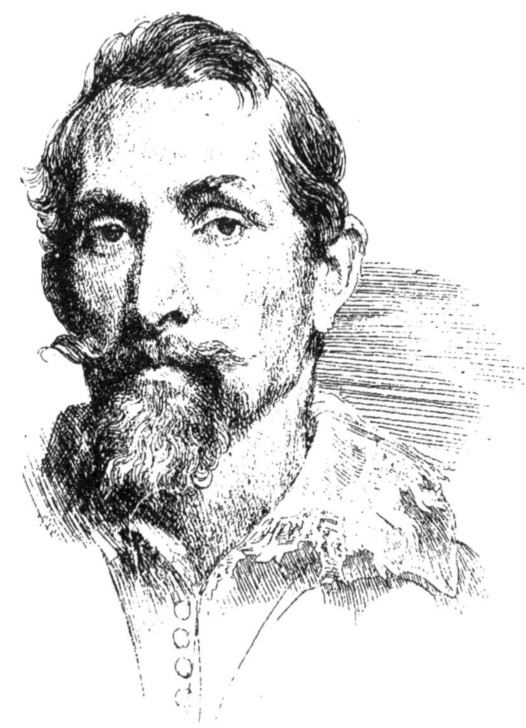

N° 39 du Catalogue.

Dyck (Antoine van)

35. — Jésus couronné d'épines (Dutuit A). Très belle
épreuve avant l'adresse de Lebas.

36. — Breughel (Jean) (Dutuit 1). Très belle épreuve
du 4ᵉ état avant que le fond n'ait été terminé. Rare.

37. — Momper (Josse de) (7). Superbe épreuve du 1ᵉʳ
état avant toutes lettres et avant le trait
carré. Collection Straeter. Très rare.

38. — Snellinx (Jean) (10). Superbe épreuve du 4ᵉ état, avec les lettres G. H. Collection Straeter.

39. — Snyders (François) (11). Superbe épreuve du 1ᵉʳ état à l'eau-forte pure, rognée. Très rare.

40. — Vos (Guillaume de) (14). Superbe épreuve du 2ᵉ état avant toutes lettres, non terminée. Rare.

Everdingen (Albert van)

41. — Le Dessinateur (Dutuit 63). Superbe épreuve avant le trait renforcé.

42. — Le Paysan suivi de son chien (80). Superbe épreuve du 1ᵉʳ état, *à l'eau-forte pure*.

43. — La Forêt épaisse (89). Superbe épreuve du 1ᵉʳ état.

Ficquet (Etienne)

44. — Maintenon (Mᵐᵉ de), d'après P. Mignard (F. 93). Très belle épreuve.

Fontainebleau (École de)

45. — Continence de Scipion, par Ant. Fantuzzi. Très belle épreuve d'une pièce *non décrite*, différente de celle mentionnée par Bartsch.

46. — Jupiter et Danaë (B. 40). — Le Jeune homme buvant de l'eau (61). Deux pièces par L. Davent. Très belles épreuves.

47. — Jupiter pressant les nuées (B. 54). — La Fontaine monumentale, pièce *non décrite*. Deux pièces par *L. Davent*. Très belles épreuves.

48. — Moïse frappant le rocher, par le maître I. V. Très belle épreuve d'une pièce *non décrite* par Bartsch.

49. — Proserpine confie à Psyché la boîte de beauté (B. 74 des anonymes) — Mort d'Hector? pièce *non décrite*. Deux pièces. Très belles épreuves.

50. — Le Christ portant sa croix. In-fol. Très belle épreuve d'une pièce *non décrite* par Bartsch.

Fortuny (Mariano)

51. — La Victoire. Deux superbes épreuves, dont une d'essai avant la signature et avant de nombreux travaux.

Fragonard (Honoré)

52. — Bacchanale. Très belle épreuve.

53. — Les Beignets, par N. De Launay. Superbe et très rare épreuve à l'état d'eau-forte.

54. — *On ne s'avise jamais de tout*, par Patas. Très belle épreuve à l'état *d'eau-forte pure*.

Ghisi (Jean-Baptiste)

55. — Le Fleuve Pô (B. 19). Très belle épreuve.

Goltzius (Henri)

56. — Henri IV à l'âge de 40 ans (B. 174). Superbe épreuve, sans marge.

57. — Portrait d'homme en buste (207). Superbe épreuve, grandes marges.

58. — Un Officier de guerre, 1582 (216). Très belle
     épreuve.

59. — Portrait d'homme (Weigel, suppl., n° 34). Très
     belle épreuve.

Goya (Francisco)

60. — L'homme dansant devant un mannequin (P. L.
     127). Très rare épreuve du 1er état, à *l'eau-
     forte pure*, avant divers changements.

Grun (Hans Baldung)

61. — Les Parques, 1513 (B. 44). Belle épreuve.

Haden (F. Seymour)

62. — Le Réservoir (*The Tank, Cintra*), 1877. (H. B.
     172). Superbe épreuve, signée.

Helleu (Paul)

63. — Jeune Femme assise sur une causeuse, regar-
     dant des estampes. In-fol. Superbe épreuve,
     signée.

64. — Femme en toque assise et accoudée. Superbe
     épreuve, signée.

65. — Femme assise dans une chaise longue. Très
     belle épreuve.

66. — La même estampe. Très belle épreuve.

67. — Portrait de femme. Superbe épreuve, signée.

68. — Trois têtes de Femmes s'appuyant sur leurs
     mains. Superbe épreuve, signée.

Herkomer (Hubert)

69. — Le Messager. Très belle épreuve. (*Bon à tirer*).

Hollar (Wenceslas)

70. — Cathédrale d'Anvers, 1649. Superbe épreuve du
1er état (déchirure dans le haut).

Hopfer (Daniel)

71. — Sujet pieux (B. 19), partie droite d'une compo-
sition formée de trois pièces. Superbe
épreuve *avant le numéro*.

Hopfer (Jérôme)

72. — Trois dessins de Vases (B. 70). Belle épreuve.

Huet père (d'après)

73. — L'Amour propre — Triomphe de Jupiter. Deux
pièces par G. Gabriel et Chaponnier. Très
belles épreuves *imp. en couleurs*.

Ingres (J.-D.-A.)

74. — Odalisque, 1825. Lithographie originale. Très
belle épreuve.

Jacque (Charles)

75. — Les Petites Maisons Kercassier (223). Superbe
épreuve d'essai, signée.

Legros (Alphonse)

76. — Poynter (E.-J.), peintre (Th. et P. M. 42). Superbe épreuve sur japon, signée.

Lenfant (Jean)

77. — Turenne (buste de) posé sur un piédouche non
terminé. In-8°. Superbe épreuve. Très rare.

Leoni (Octavio)

78. — Braccolini (Fr.), 1626 (B. 22). Très belle
épreuve d'une pièce rare.

Leys (Henri)

79. — Promenade hors des murs (H. B. 12). Superbe
épreuve d'essai avec la marque de l'étau.
Collection Ph. Burty.

Longhi (Joseph)

80. — Napoléon Ier, le front ceint de la couronne de
fer, 1812. Très belle épreuve. Rare.

Maîtres anonymes du XVᵉ siècle (Graveurs sur bois)

81. — L'Annonciation. In-4ᵒ. Très belle épreuve.
82. — Jésus-Christ. Très belle épreuve.
83. — Sainte Agnès. Très petite pièce en manière de
criblé.
84. — Saint François, gravé en taille d'épargne. Très
belle épreuve.

Maître au monogramme A. F. (XVIᵉ siècle)

85. — Adam et Ève chassés du Paradis. Très belle
épreuve.

Mallet (d'après)

86. — L'Amour transi ? Belle épreuve.

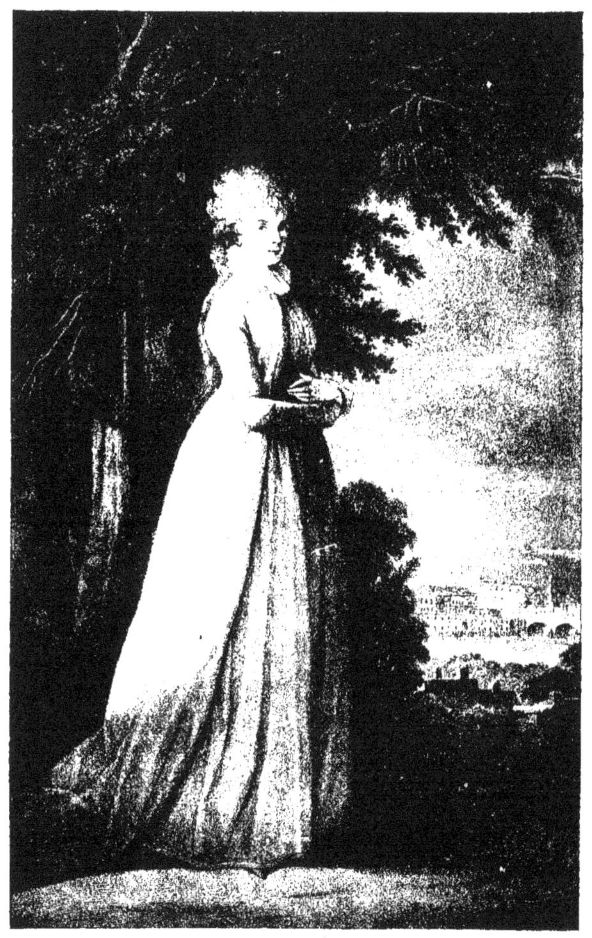

N° 128 du Catalogue.

Mantégna (André)

87. — Le Sénat de Rome accompagnant un triomphe (B. 11). Belle épreuve, la partie supérieure coupée.

88. — Tête de vieillard (B. 23). Très belle épreuve légèrement rognée d'une pièce de la plus grande rareté et qui paraît appartenir plutôt à l'École de Léonard de Vinci.

Masson (Antoine)

89. — Cureau de la Chambre (Marin), d'après P. Mignard (R. D. 24). Superbe épreuve du 1ᵉʳ état.

90. — Louis XIV (R. D 41). Très belle épreuve d'une pièce *rarissime*. Collection Gawet, Archinto et Didot.

Meckenen (Israël von)

91. — La Décollation de saint Jean-Baptiste (B. 8). Très belle épreuve. Rare.

Méryon (Charles)

92. — Tombeau de Molière (H. B. 53). Superbe épreuve.

93. — Tourelle de Marat, rue de l'École de Médecine (55). Belle épreuve.

Montagna (Benedetto)

94. — L'Homme assis près d'un palmier (B. 28). Belle épreuve du 1ᵉʳ état avant l'adresse de Giudotti.

Moreau le Jeune (J.-M.)

95. — Le Festin Royal, 1782. Belle épreuve.

96. — Ouverture des États-Généraux à Versailles, le 5 mai 1789. Très belle épreuve du 1ᵉʳ état à *l'eau-forte pure*.

97. — La même estampe. Très belle épreuve du 2ᵉ état, *non terminée* (sans marge).

98. — La même estampe. Très belle épreuve du 3ᵉ état, *avant la lettre*.

99. — La même estampe. Très belle épreuve du 4ᵉ état.

100. — Constitution de l'Assemblée Nationale. Belle épreuve du 2ᵉ état, *non terminée*.

101. — La même estampe. Superbe épreuve de 3ᵉ état, *avant la lettre*, toutes marges.

102. — La même estampe. Belle épreuve du même état.

Nanteuil (Robert)

103. — Bellièvre (Pomponne de), d'après Ph. de Champaigne (R. D. 36). Très belle épreuve.

Ostade (Adrien van)

104. — Le Maître d'école (D. 17). Belle épreuve du 1ᵉʳ état.

105. — Les Deux Commères (40). Très belle épreuve du 2ᵉ état avec la tache.

106. — La Fête sous la treille (47). Belle épreuve du 2ᵉ état avant les tailles diagonales sur le pignon de la maison et avant de nombreux travaux, la bordure fine.

107. — Le Goûter (50). Très belle épreuve du 5ᵉ état, avant de nombreux travaux, la bordure fine.

Pencz (George)

108. — Virginius (B. 84). Très belle épreuve.

Prud'hon (d'après)

109. — L'Amour réduit à la raison, par Copia (58). Belle épreuve *avant la lettre*.

110. — La Loi, par Copia (69). Très belle épreuve du 2ᵉ état, avant l'adresse de Depeuille.

111. — Naufrage de Virginie, par B. Roger (142). Belle épreuve du 2ᵉ état, *avant la légende*, toutes marges.

112. — En-tête : Ministre de la Police générale (151) — Napoléon entre la Victoire et la Paix (72) — La Justice et la Vengeance divine poursuivant le Crime (77), deux épreuves. Quatre pièces par B. Roger. Belles épreuves, une à l'état d'eau forte pure.

113. — La Mère malheureuse, d'après Mˡˡᵉ Mayer, eau forte pure — A la mémoire de Prud'hon, d'après de Boisfremont, par Soinard. Deux pièces. Belles épreuves.

Raimondi (Marc-Antoine)

114. — Dieu apparaissant à Noé (Delaborde 3). Très belle épreuve.

115. — La Vierge et l'Enfant Jésus sur des Nuages (D. 9). Superbe épreuve.

116. — Les Saintes Femmes et les Disciples entourant le corps mort de Jésus (D. 19). Superbe épreuve.

Rembrandt Van Ryn

117. — Rembrandt à la toque ornée d'une plume (Dutuit 20). Très belle épreuve.

118. — Joseph racontant ses songes (41). Belle épreuve.

119. — Jésus au milieu des Docteurs (67). Belle épreuve.

120. — Le Vendeur de mort aux rats (122). Très belle épreuve, restaurée.

121. — Les Baigneurs (192). Superbe épreuve du 1ᵉʳ état.

122. — Femme nue, les pieds dans l'eau (197). Très belle épreuve.

123. — Diane au bain (198). Belle épreuve.

124. — Jupiter et Antiope (200). Superbe épreuve du 1ᵉʳ état *avant l'inscription*.

125. — L'Abreuvoir (228). Belle épreuve.

126. — Wttenbogardus (J. 272). Belle épreuve.

Reynolds (D'après sir Joshua)

127. — *Lady Charles Spencer*, en amazone, par W. Dickinson, 1776. In-folio. Très belle épreuve.

128. — Miss Wallis en pied, par F. Bartolozzi, 1795. In-fol. Superbe épreuve *avant toutes lettres*, imprimée en bistre. Très rare.

Ribera (Joseph)

129. — Saint Jérôme lisant (B. 3). Très belle épreuve.

130. — Martyre de Saint Barthélemy (6). Très belle épreuve.

131. — Saint Pierre (7). Très belle épreuve du 1ᵉʳ état.

132. — Silène (13). Très belle épreuve du 2ᵉ état.

Rodin (Auguste)

133. — Proust (Antonin). Très belle épreuve avant les derniers travaux. Rare.

Rops (Félicien)

134, — La Colère (E. R. 173). Belle épreuve du 1ᵉʳ état, sur japon.

135. — Humanité (177). Superbe épreuve.

Rousseau (Théodore)

136. — Plateau de Bellecroix, 1848 (H. B. 2). Très belle épreuve.

Ruysdael (Jacob)

137. — Les Deux Paysans et leur chien (Dutuit 2). Superbe épreuve du 1ᵉʳ état, *avant le ciel*. Très rare.

Saint-Aubin (Gabriel de)

138. — Allégorie sur la convalescence du Dauphin (P. de B. 3). Très belle épreuve.

139. — Conférence de l'Ordre des avocats (21). Très belle épreuve du 1ᵉʳ état, avec des retouches au crayon par le maître.

140. — La même estampe. Très belle épreuve du 2ᵉ état.

141. — Scène de Corps de garde. Eau-forte attribuée au maître. Très belle épreuve.

Schongaüer (Martin)

142. — Dieu assis sur le trône (B. 70). Superbe épreuve (petite déchirure dans le bas de l'estampe). Collection F. Debois.

Silvestre (Israël)

143. — Vues et perspectives du Pont-Neuf. Deux pièces rares.

Stothard (d'après)

144. — Charlotte de Lichfeld, par Ogborne. Ovale in-fol. Très belle épreuve *avant toutes lettres* (doublée).

Suyderhoef (Jonas)

145. — Tegularius, d'après F. Hals (J. W. 88). Superbe épreuve.

Téniers (David)

146. — Les Tireurs au blanc (Dutuit 37). Très belle épreuve du 1er état.

147. — Les Joueurs de boules (38). Très belle épreuve du 1er état.

148. — Réunion de buveurs et de fumeurs (40). Très belle épreuve du 1er état.

Tissot (J.)

149. — Un Vestiaire. Superbe épreuve, signée.

Vlieger (Simon de)

150. — L'Auberge (Dutuit 8). Très belle épreuve du 3e état, sur *papier à la folie*.

151. — La Montagne verte (7). Très belle épreuve. Collection Camberlyn.

Vliet (J.-G. van)

152. — Saint Jérôme (B. 13). Superbe épreuve du 1er état *avant l'adresse*.

Waterloo (Antoine)

153. — L'Échelle conduisant à l'eau (D. 16). Belle épreuve du 1er état, *avant le numéro*. Rare.

154. — Les deux Hommes devant la barrière (56). Très belle épreuve du 1er état, à *l'eau-forte pure*. Très rare.

Watteau (d'après Ant.)

155. — L'Amante inquiète, par P. Aveline (81). Superbe épreuve.

156. — Les Charmes de la vie, par P. Aveline (117). Belle épreuve.

157. — Leçon d'Amour, par C. Dupuis (144). Très belle épreuve.

158. — La Sérénade italienne, par G. Scotin (E. de G. 165). Superbe épreuve.

Whistler (J.-Mac Neill)

159. — Logement de chiffonniers, quartier Mouffetard (W. 17). Superbe épreuve.

160. — Le Verre de Champagne (31). Très belle épreuve.

161. — Astruc (Zacharie). 1859 (49). Belle épreuve de la planche biffée.

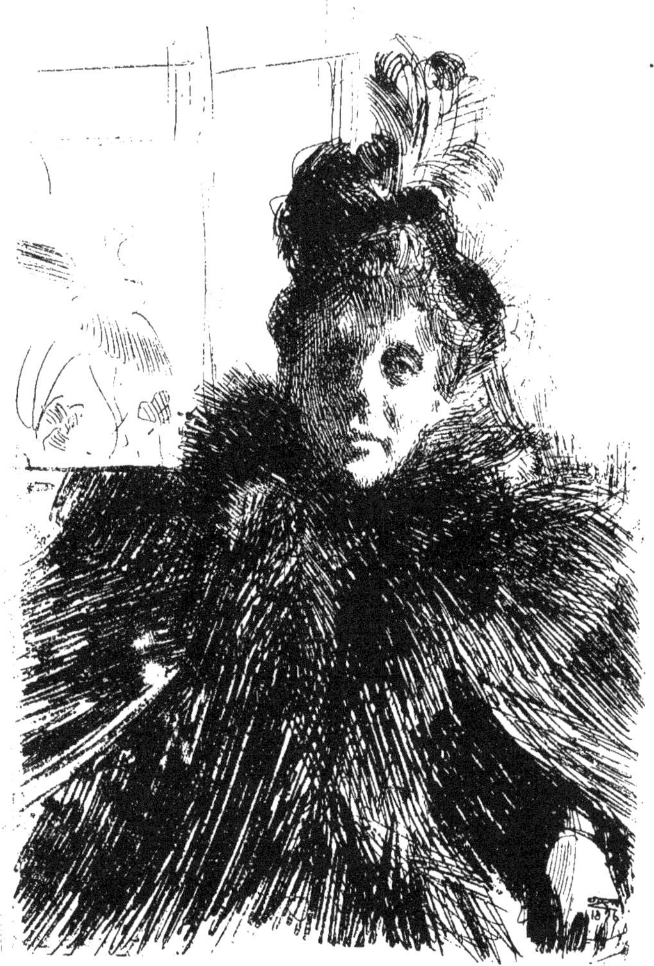

N° 167 du Catalogue.

162. — Jeune Femme cousant. Très belle épreuve sur chine volant.

163. — Un Pont de Londres. In-8°. Superbe épreuve.

164. — Un Pâturage, 1859. In-4°. Très belle épreuve.

165. — Au Bord de la rivière. Belle épreuve de la planche biffée.

Wiérix (Jérôme)

166. — Henri III, roi de France, 1586 (A. 1919). Très belle épreuve. Rare.

Zorn (Anders)

167. — Portrait de Mme ***, 1896. Superbe épreuve, signée. Rare.

168. — Le Roi Oscar de Suède assis dans une embarcation. Superbe épreuve, signée.

169. — Portraits de Hildebrand, Key, Wœrn, Nordens-l.jold et Wiselgren, 1892. Superbe épreuve, signée.

170. — Souvenir, 1895. Superbe épreuve, signée.

171. — Le Modèle d'atelier. Superbe épreuve, signée.

www.ingramcontent.com/pod-product-compliance
Ingram Content Group UK Ltd.
Pitfield, Milton Keynes, MK11 3LW, UK
UKHW031705170726
13836UKWH00001B/42